Wolf-Ulrich Cropp

Gestalten mit SALZTEIG

formen · bemalen · lackieren

FALKEN VERLAG

Inhalt

CIP-Kurztitelaufnahme der Deutschen Bibliothek

Cropp, Wolf-Ulrich
Gestalten mit Salzteig / Wolf-Ulrich Cropp. –
Niedernhausen/Ts. : Falken-Verlag, 1982.
(Falken-Bücherei)
ISBN 3-8068-0613-6

ISBN 3 8068 0613 6

Koautor: Friedel Thomas-Moritz
Titelbild und Fotos: Wolf-Ulrich Cropp
Illustrationen: Friedel Thomas-Moritz, Christiane Cropp-Moritz
Satz: Bauer & Bökeler Filmsatz GmbH, Denkendorf
Druck: Offset-Team Zumbrink, Bad Salzuflen

817 2635

Zur Einführung etwas Teiggeschichte

Salzteig – was ist das?

Die Geschichte des Salzteigs reicht etwa 8000 Jahre zurück. Damals begannen die Menschen mit dem Anbau verschiedener Getreidesorten – Weizen, Gerste, Hirse, Mais … –, verarbeiteten sie weiter und gewannen als Endprodukt Mehl. Seit dieser Zeit wird aus den Grundzutaten Mehl, Wasser und Salz *Brot* hergestellt.

Bereits im Altertum entstand um das Brot – als Symbol für Nahrung – ein Kult, der eng mit dem sozialen, religiösen und künstlerischen Empfinden vieler Völker verknüpft war: Mit kleinen Teigfiguren huldigten die Griechen der Göttin *Demeter,* Göttin der Fruchtbarkeit und des Getreides. Im alten Rom verehrte man auf ähnliche Weise *Ceres,* die Göttin pflanzlichen Wachstums.

Im Mittelalter zierten wahre Meisterwerke aus geformtem und getrocknetem Teig die Märkte, und von weither reisten die Menschen an, um die meist von italienischen Künstlern hergestellten Gegenstände zu bewundern und natürlich auch zu kaufen.

Etwa ab dem 12. Jahrhundert fertigten die Inkas Menschen- und Tierfiguren aus Teig, um diese zu bestimmten Zeiten symbolisch den Göttern zu opfern.

Selbst bei Bestattungen spielten Teigfiguren eine wichtige Rolle: Als Grabbeigaben sollten sie dem Verstorbenen auf seiner langen Reise ins Jenseits Gesellschaft leisten.

Die Salzteigkunst ist in den südamerikanischen Ländern – insbesondere in Ecuador – im übrigen noch heute weit verbreitet.

Doch damit nicht genug: Seit dem 17. Jahrhundert kennt man auch in China marionettenähnliche Teigfiguren, und in Europa – auf Kreta und in Südgriechenland – gelten die sogenannten Hochzeitskränze aus Salzteig als Touristenattraktion. Auch in Nordeuropa – in einigen Landstrichen Skandinaviens – stellen Bauern Teigfiguren in Form von Korngarben her.

Das Gestalten und Modellieren mit Salzteig ist also gar nicht neu – vielmehr verbindet sich damit ein traditionsreiches Kunstwerken, das in vielen Ländern jahrhundertelang betrieben wurde und noch heute gepflegt wird.

Hier soll diese bei uns fast unbekannte Volkskunst – auf einfache und anschauliche Weise beschrieben – alle diejenigen ansprechen, die in ihrer Freizeit – alleine oder in der Gruppe – ein kreatives und dazu preiswertes Hobby ausüben möchten.

Auf einem Markt in Ecuador.

Gestalten mit Salzteig

Aus Salzteig lassen sich alle die »liebenswerten Kleinigkeiten« herstellen, die als Geschenke viel Freude bereiten, aber auch die eigene Wohnung oder Kleidungsstücke schmücken:

- Pflanzen, Figuren, Reliefs, Bilder- oder Spiegelrahmen als Wandschmuck;
- kleine Häuser, Burgen oder andere Plastiken als freistehende Objekte;
- kleine Broschen für Blusen oder Pullover.

Hinzu kommt noch eine Reihe von Vorzügen, die das Werken mit Salzteig so attraktiv machen:

- die Grundmaterialien sind in fast jedem Haushalt vorhanden oder preiswert im Handel erhältlich;
- die Modelliermasse läßt sich in jeder gewünschten Menge leicht herstellen;
- das Trocknen der fertigen Objekte bleibt – je nach Jahreszeit – der Wärme der Sonne oder einem normalen Herd überlassen.

Hinweis: Zur Herstellung von Trink- oder Blumengefäßen ist Salzteig nicht geeignet, da der Teig lediglich getrocknet und lackiert, jedoch nicht gebrannt wird.

Die Salzteigobjekte sind auf diese Weise zwar vor Feuchtigkeit geschützt, besitzen aber nicht die erforderliche Dichte, die sie wasserfest macht.

Materialien und Werkzeuge

Merkzettel

Wir brauchen:

- Mehl
- Salz
- Wasser
- Glyzerin
- Schüssel
- Tassen oder Meßgefäße
- Holzlöffel
- Holz- oder Backbrett
- Alufolie (Back- oder Pergamentpapier)
- kleines Küchenmesser
- Ausstechförmchen für Plätzchen
- Papier- und Zackenschere
- feinen Bindedraht oder Büroklammern
- Kneifzange
- Gewürze, Rosinen, Strohblumen, Blätter, Getreideähren und ähnliches für die Dekoration
- Nägel, Schrauben, Dübel und ähnliches als Muster- und Stempelmaterial
- Knoblauchpresse
- Schaschlikspieße (aus Holz oder Stahl) oder Zahnstocher
- Kasten mit Wasserfarben
- Ausziehtusche (Skriptol)
- Marderhaarpinsel in 2 Stärken
- Klar- oder Bootslack
- Borstenpinsel für weiße Deckfarbe oder für Lack
- Bleistift und Papier für Entwürfe

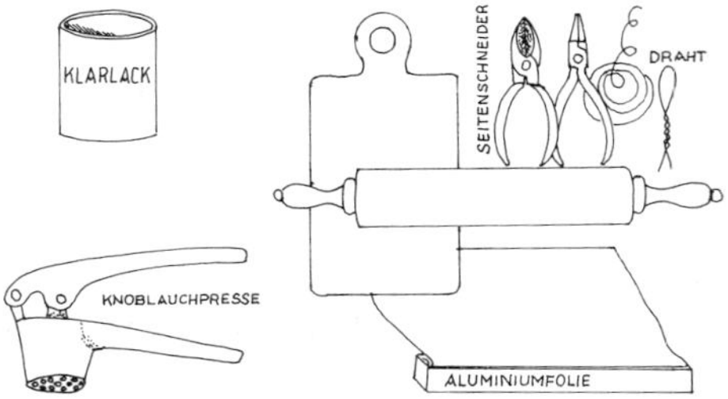

Technik im Überblick

Das Vorbereiten der Arbeitsfläche

Als Arbeitsfläche ist ein großer Tisch ideal, der auch einmal etwas Schmutz vertragen kann: Ein Küchentisch ist hierfür sicher am besten geeignet.

Ein Holzbrett (Backbrett oder Plastikfolie erfüllen denselben Zweck) mit den Maßen 50 × 60 cm sollte auf diesem Tisch fest aufliegen können.

Alle notwendigen Werkzeuge und Materialien gruppiert man griffbereit rund um das Brett bzw. die Folie.

Den Platz auf dem Holzbrett teilt man sich am günstigsten wie folgt ein:

- Im oberen Drittel wird später der fertige Teig zugeschnitten:
- unmittelbar vor sich breitet man ein Stück Alufolie (matte Seite nach oben!) aus, auf der das Objekt entstehen soll;
- auf dem frei bleibenden Platz kann jetzt der Salzteig in einer Schüssel angerührt werden.

Die Zubereitung des Salzteigs

Salzteigrezept
4 Tassen Mehl,
1½ Tassen Salz,
1½ Tassen Wasser,
1 Teelöffel Glyzerin.

Zunächst werden das Mehl und das Salz in einer Schüssel vermischt. Danach rührt man das Wasser und das Glyzerin ein.

Haben sich die Zutaten miteinander verbunden, muß der Teig intensiv durchgeknetet werden. Dieser Vorgang ist sehr wichtig, denn dadurch »erkne-

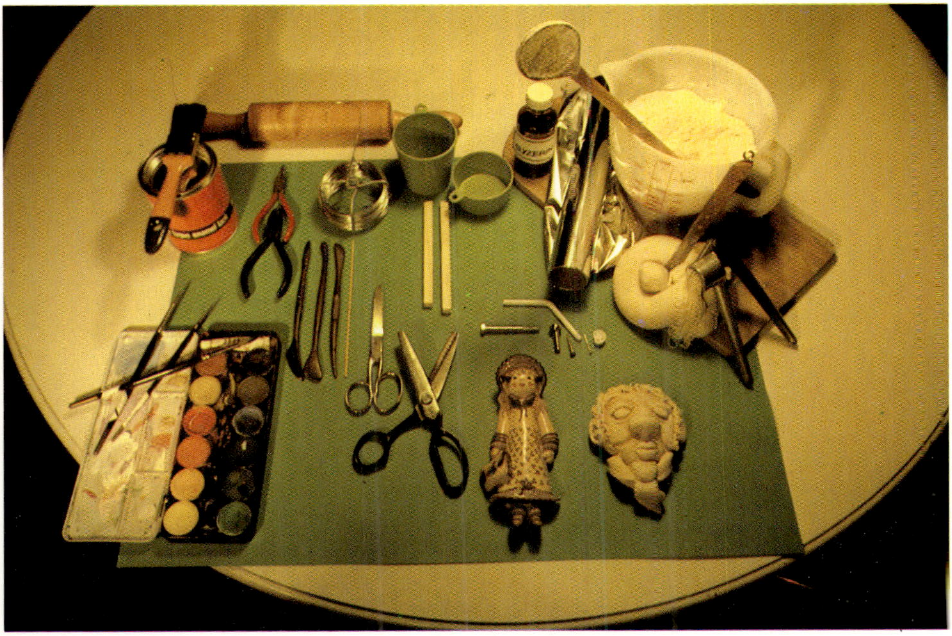

Alle Materialien liegen griffbereit auf der Arbeitsfläche.

tet« man die richtige Konsistenz des Teiges.

Der Teigklumpen ist richtig, wenn er sich fest, glatt und geschmeidig anfühlt, also weder zu naß noch zu bröselig ist. Klebt er an den Händen, ist er zu feucht, und es kann noch etwas Mehl hinzugefügt werden. Ist der Teig brüchig, gibt man etwas Wasser dazu.

Es empfiehlt sich, den fertig zubereiteten Salzteig 1–2 Stunden in einem geschlossenen Gefäß »ruhen« zu lassen. Dadurch wird sichergestellt, daß sich auch wirklich alle Salzkristalle aufgelöst haben. Die Masse läßt sich dann leichter rollen, schneiden, flechten, gegeneinanderdrehen, ziehen und formen.

Tip für Ungeduldige: Wer den frisch hergestellten Teig nicht ruhen lassen möchte, sollte zunächst ausprobieren, ob die Modelliermasse schon verarbeitbar ist.

Dazu trennt man von dem Teig ein Stück ab und rollt dieses zwischen gespreizten Fingern zu einer »Wurst«.
Hält man nun ein »Wurstende« hoch, ist der Teig verarbeitbar, wenn er für etwa eine halbe Minute nicht die Form verändert, d.h. sich nicht streckt. Zieht er sich lang und reißt, muß der Salzteig durch Einkneten von Mehl stabiler gemacht werden.

Hinweis: Es soll nicht unerwähnt bleiben, daß die Teigkonsistenz von verschiedenen Bedingungen abhängt:

- vom exakten Mischungsverhältnis;
- von der Raumtemperatur (nach Möglichkeit 17–20° C);
- von der Handwärme bzw. -feuchte.

Letztere läßt sich durch leichtes Einstäuben mit Mehl aber rasch regulieren.

Wohin mit den Teigresten?

Sollte nach dem Werken etwas Salzteig übrigbleiben, kann man den Rest in Alufolie oder in einen Plastikbeutel einwickeln und in einem geschlossenen Gefäß im Kühlschrank 2–3 Tage gebrauchsfertig aufbewahren.

Der Salzteig wird zubereitet.

Modellieren der Grundformen

Alle Vorbereitungen sind getroffen:

- der *Arbeitstisch* ist vorbereitet;
- die *Werkzeuge* und *Dekorationsgegenstände* liegen griffbereit;
- der *Teig* hat eine gute Konsistenz und liegt auf einem Stück Alufolie, deren matte Seite nach oben zeigt.

Diese Folienunterlage soll verhindern, daß der Rohling auf dem Arbeitsbrett oder später auf dem Backblech anklebt und möglicherweise beim Anheben deformiert wird.

Kränze

Die ersten technischen Handgriffe lassen sich am besten am Beispiel eines Kranzes lernen.

Dazu rollt man zwei gleich große Teigstücke mit gespreizten Fingern zu zwei ebenfalls gleich langen, gleich dicken Wülsten aus. Diese werden anschließend miteinander verflochten.

Die freien Enden der daraus entstandenen Kordel verbindet man zu einem Kreis, indem man sie aneinanderdrückt. Dabei ist es häufig notwendig, die Teigenden leicht mit Wasser anzufeuchten, da sie rasch austrocknen.

Als nächstes wird ein Aufhänger gefertigt, durch den man später ein Band ziehen oder den Kranz an einem Nagel aufhängen kann.

Dieser Aufhänger kann wahlweise aus einer leicht auseinandergebogenen Büroklammer bestehen oder aus einem 5–7 cm langen Stück Bindedraht, dessen Enden gegeneinandergedreht werden, so daß eine Öse entsteht.

Die Büroklammer bzw. den Drahtaufhänger schiebt man anschließend an der Nahtstelle in den Teig.

Nun kann mit der Dekoration des Kranzes begonnen werden. Man fängt am oberen Kranzstück mit dem Verzieren an: Das Modell wird mit Blättern, Blüten und Beeren – natürlich alles aus Salzteig – geschmückt.

Blätter

Einige Teigkugeln werden in den Handflächen gerollt, zu einem länglichen Wulst geformt und anschließend mit dem Finger plattgedrückt.

Mit einem Zahnstocher oder dem spitzen Ende eines Schaschlikspießes werden kleine Kerben (die Blattadern) in das Blattoval geritzt.

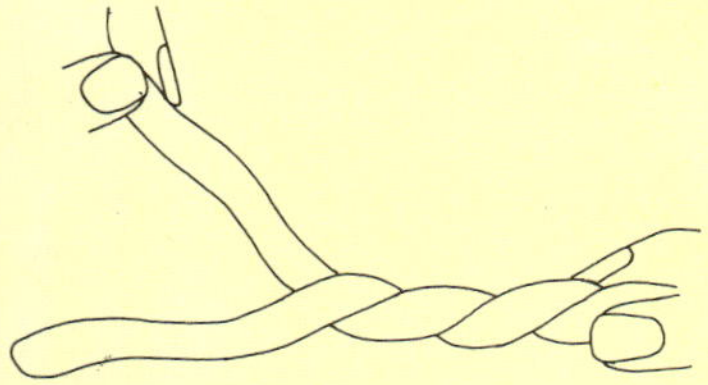

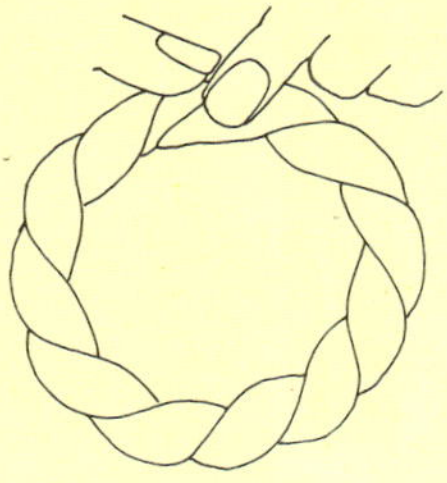

Zwei Teigwülste werden miteinander verflochten, zu einem Kranz verbunden und an den Enden zusammengedrückt.

Ein Blatt wird geformt.

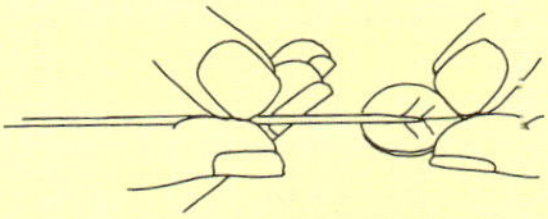

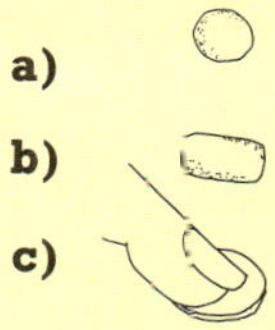

Ein Teigbällchen (a) wird zu einem länglichen Wulst gerollt (b) und plattgedrückt (c).

Die Blätter werden vorsichtig auf die Nahtstelle gesetzt.

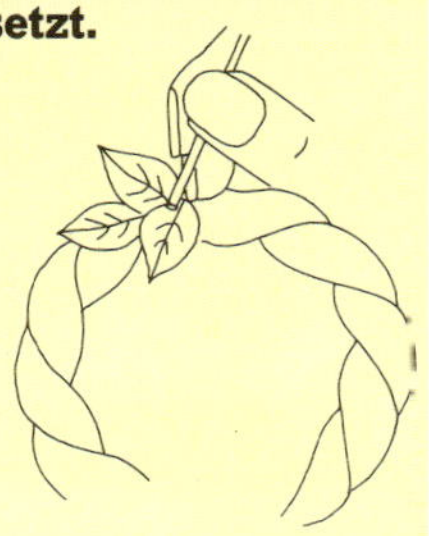

Verschiedene Kränze.

Danach nimmt man das vorbereitete Blatt vorsichtig zwischen Daumen und Zeigefinger und formt eine Blattspitze. Fertig!

Jetzt wird die erste Verzierung mit dem stumpfen Ende des Schaschlikspießes vorsichtig auf den Kranz gedrückt.

Etwa 8–10 dieser Blätter reichen aus, um die Nahtstelle des Kranzes zu verdecken. Nun kann mit dem Aufsetzen von Blüten und Beeren begonnen werden.

Blüten

Für die *Blütenrosetten* formt man einen dünnen Teigwulst von etwa 5 cm Länge, drückt diesen flach und rollt ihn von einer Seite her auf.

Mit Hilfe eines Holzspießchens wird die Rosette zwischen das Blattwerk »gepflanzt«.

Anschließend sollte die Ansatzstelle mit einem angefeuchteten Pinsel betupft werden, um einen möglichst sauberen Übergang zu formen. Vorsicht: Nicht den Teig durchtränken!

Ein anderes Modellierbeispiel für eine Blume ist die *Kelchblüte.*

Hierfür drückt man eine Teigkugel zu einer flachen Scheibe und arbeitet mit dem stumpfen Spießende, dem Daumen und dem Zeigefinger einen Trichter.

Dazu braucht man schon etwas Übung: Der Zeigefinger greift in die Blüte und schiebt, den Daumen als Gegendruck benutzend, den Teig heraus.

Je nach Geschicklichkeit kann der Blütenkelch rustikal, aber auch hauchdünn – wie bei edlem Porzellan – ausgebildet werden.

Der Holzspieß dient zur Ausarbeitung des Kelchinneren oder zum Einsetzen von Blütenstempeln.

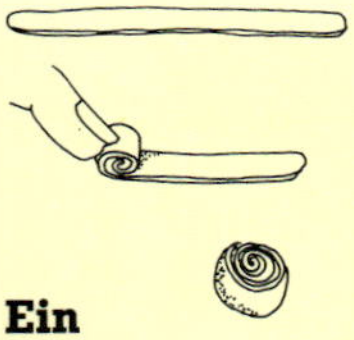

Ein plattgedrückter Wulst wird aufgerollt und zur Rosette geformt.

Kleine Beeren.

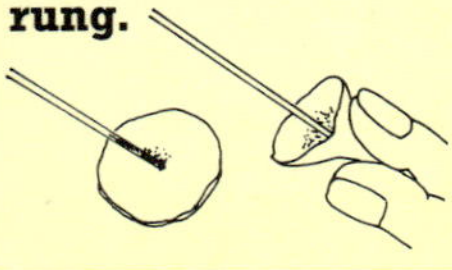

Eine Kelchblüte zur Kranzverzierung.

Mit Rosetten und Beeren wird der Kranz verziert.

Beeren

Eine recht einfache, aber dekorative Verzierung sind Beeren. Dafür werden mit Hilfe eines Holzspießes winzige Löcher oder Kreuze in die Mitte kleiner Teigkugeln gedrückt.

Im gleichen Arbeitsgang (die Beere wird nicht vom Spieß genommen) gruppiert man die Kugeln um Blüte und Blattwerk oder verteilt sie über den ganzen Kranz.

Ist man nun mit dem ersten Salzteigobjekt zufrieden, wird es mit der Folie als Unterlage auf einem Backblech in den vorgeheizten Ofen geschoben und getrocknet (siehe Trockenvorgang).

Achtung: Die Formmasse schwindet beim Trocknen um 12–15 %.

Menschliche Figuren

Menschliche Figuren gehören zu den reizvollsten Kunstwerken aus Salzteig. Der Phantasie sind keine Grenzen gesetzt, lediglich dem Können des Modellierfreundes.

Eine menschliche Figur aus Salzteig besteht aus einer Kugel als Kopf und dem Kegel als Leib.

Als Proportionsregel sollte man sich merken, daß der Kegel 3mal so lang ist wie der Durchmesser der Kugel.

Kegel und Kugel liegen vorbereitet auf einem Stück Alufolie als Unterlage, und zwar so, daß sich die Kugel über der Kegelspitze befindet.

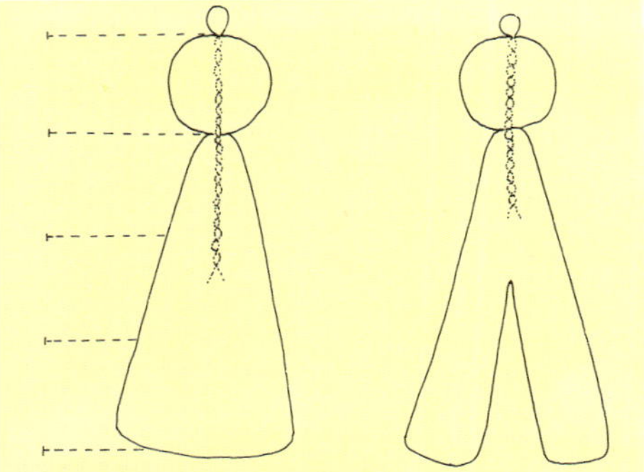

Grundformen für menschliche Figuren.

Der Aufhänger – diesmal allerdings nur aus Bindedraht – wird in der Länge so gewählt, daß er durch den Kopf (Kugel) bis zur Hälfte in den Körper (Kegel) hineinragt.

Die Kleidung

Den »Körper« kleidet man an, indem ein Stück Teig etwa 2 mm dünn in passender Länge ausgerollt wird.

Aus dem Teiglappen schneidet man mit der Schere ein Gewand bzw. das gewünschte Kleidungsstück aus.

Ein Gewand läßt sich wohl am einfachsten herstellen: Den Saum kann man durch Abdrücke von Nägeln, Schrauben, Dübeln und ähnlichem mit einfallsreichen Mustern verzieren.

Zuletzt hüllt man den Kegel in das Gewand.

Falls zu viel Teig ausgerollt wurde, schneidet man diesen mit dem Küchenmesser ab und drückt die Schnittstellen – seitlich an der Figur – mit einem Holzspan oder besser einem Modellierholz sauber an.

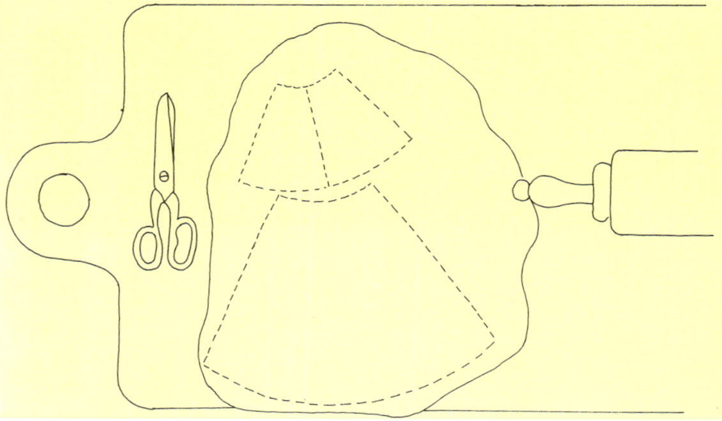

Ärmel und Kleidung werden aus 2 mm dick ausgerolltem Teig geschnitten.

Das Gesicht

Die Kugel erhält ein Gesicht: Augen, Mund und Nase.

Für die *Augen* werden mit der Spitze eines Holzstabes 2 Löcher in den Teig gestochen; oder aber man drückt 2 Pfefferkörner – auch getrocknete Nelkenstiele wirken gut – als Augen ein.

Den *Mund* bildet eine winzige Teigkugel, die zwischen den Fingern oval geformt wird. Mit einem Spieß kann eine kleine Kerbe (die Mundöffnung) angedeutet werden. Anschließend drückt man den Mund vorsichtig an die Kugel.

Zwei kleine Pünktchen markieren die *Nase*.

Die Ärmel fertigt man ebenfalls aus zwei dünn ausgerollten, kegelförmigen Teigflächen, die zu »Tüten« zusammengelegt und – Naht nach unten – mit einem Modellierholz am Körper festgedrückt werden.

Die Haare

Die »Haare« lassen sich auf unterschiedliche Weise herstellen: Auf den Kopf kann eine Haube (kleiner Teiglappen) aufgesetzt werden, in die mit dem Holzspieß viele zarte Striche geritzt sind.

Naturgetreuer wirken »Haare« aus der Knoblauchpresse. Dazu drückt man einen Teigklumpen durch die Presse und erhält spaghettiähnliche Teigschnürchen, die mit dem Holzspieß abgetrennt und als Frisur um den Kopf drapiert werden.

Die Öse des Aufhängers muß aber trotz kunstgerechter Haartracht frei bleiben!

Hände und Füße

Die Hände formt man aus zwei gleich großen Bällchen zu Fäustlingen, die 3mal – zur Andeutung der Finger – eingekerbt werden.

An offenen Händen entstehen kleine Fingernägel durch leichtes Plattdrücken der Fingerkuppen. Am einfachsten läßt sich dies mit der stumpfen Seite des Holzspießes oder einem kleinen Nagelkopf ausführen.

Man schiebt die Hände anschließend in die Ärmel und drückt sie gut fest. Mit dem Modellierholz werden kleine Unebenheiten geglättet.

Die Schuhe entstehen aus 2 Wülsten, an denen Schuhbandlöcher und Schuhbänder in Umrissen eingeritzt werden.

Unbekleidete Füße arbeitet man ähnlich wie die Hände, nur wird kein Fäustling, sondern ein flacher Wulst geformt, der 4mal einzukerben ist. Die so ausgebildeten Zehen erhalten auf die gleiche Weise Fußnägel wie vorher die Fingernägel. Jetzt ist die Mädchenfigur zum Trocknen fertig!

Angekleidete Figur.

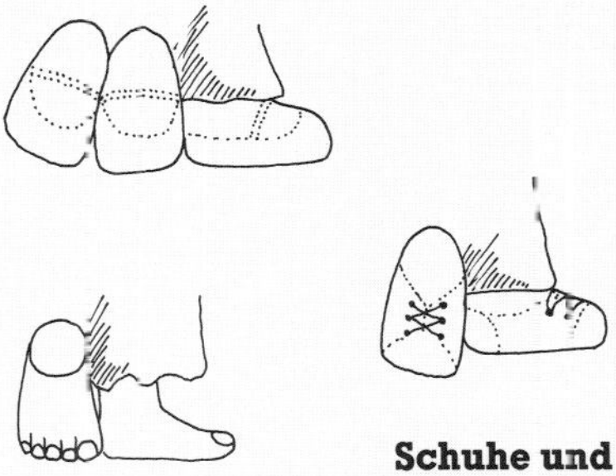

Schuhe und Füße werden geformt.

Die Haare werden mit Hilfe einer Knoblauchpresse hergestellt.

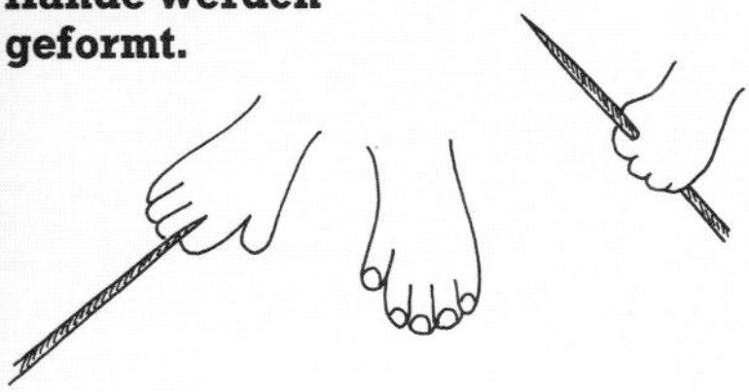

Hände werden geformt.

Hände und Füße werden angesetzt.

Fertige menschliche Figuren (unterschiedlicher Schwierigkeitsgrad beim Modellieren).

Der Trockenvorgang

Damit die Salzteigobjekte ihre Form auch dauerhaft behalten, müssen sie getrocknet werden.

Dafür bieten sich 2 Verfahren an:

- das *Lufttrocknen* bei schönem Wetter und heißer Sommersonne.
  Der Salzteigkünstler sollte hierbei Geduld und Zeit aufbringen: Bis eine etwa 1 cm dicke Figur durchgetrocknet ist, vergehen 2–3 Tage!
  In Mittelmeerländern oder in Lateinamerika wird häufig nach dieser Methode getrocknet. Zur Beschleunigung legt man die Figuren dort zusätzlich noch auf heiße Steine; doch das führt leicht zu häßlichen Rissen.
  Luftgetrocknete Werke haben immer eine weißgraue Farbe.
  Die Formmasse schwindet beim Trocknen um 12–15 %.
- das *»Backen« im Ofen*, die bei uns wohl gebräuchlichste Art, Salzteigmodelle zu trocknen.
  Die fertig geformte Figur liegt auf dem mit Alufolie abgedeckten Backblech; dieses wird in den vorgewärmten Ofen auf die mittlere Schiene geschoben.
  Für den Trockenvorgang selbst gibt es keine festen Zeiten. Wenn der Ofen auf 180 °C erhitzt wird, brauchen Kränze rund eine halbe, Menschenfiguren von etwa 2 cm Dikke bis zu 2 Stunden zum Trocknen.
  Entscheidend ist, daß das Salzteigobjekt vollkommen durchhärtet.

Hinweis: Um bei elektrischen Backöfen eine Entriegelung des Thermostats durch Reflexionswärme auszuschließen, müssen die Figuren auf der matten Seite der Alufolie liegen.

Durch Erhitzen auf 200 °C brennt man dem Teigwerk eine goldbraune Färbung ein. Das kann bei Kränzen recht rustikal und interessant wirken.

Ist diese »Patina« unerwünscht, deckt man die Salzteigfiguren am besten mit Alufolie oder Backpapier ab.

Während des »Backens« kann ohne Bedenken die Ofentür geöffnet werden, um mit einer Stecknadel zu kontrollieren, wie weit das Trocknen fortgeschritten ist.

Die vorbereiteten Modelle werden im Ofen getrocknet.

Grundieren, Kolorieren, Färben und Lackieren

Die fertig getrockneten Salzteigfiguren können nun noch durch Bemalen verschönert werden.

Mit einem Borstenpinsel wird die Figur entweder *grundiert,* d.h. mit weißer Deckfarbe gestrichen, oder man *koloriert* sie nur mit Wasserfarben und verwendet dazu einen feinen Marderhaarpinsel.

Bei vorhergehender Grundierung wirken die Wasserfarben anschließend kräftig und leuchtend; ungrundiert erhält man pastellartige Farben, die an den Blüten und Beeren der Kränze sehr zart erscheinen.

Farbe muß einer Salzteigfigur jedoch nicht immer Vollendung geben! Vielmehr wirken zahlreiche Motive gerade durch ihre natürliche Salzteigfarbe besonders reizvoll. Das gilt vor allem für die »scharf gebackenen« Stücke; sie erhalten ihre Lackanstriche »direkt«.

Eine Figur wird mit Wasserfarben bemalt.

Das Kolorieren der Blätter, Blüten und Beeren

Beim Bemalen der *Blätter* betupft man zunächst den Rand blaßgrün. Für die Innenfläche der Blätter wird ein kräftigeres Grün verwendet, für die Blattadern ein schwarzgrüner Ton.

Zu den Spitzen hin werden die Farben an Blättern und Pflanzen meist transparenter – das läßt sich in der Natur leicht beobachten

Mit dem feinen Pinsel koloriert man *Blüten* und *Beeren.* Hier sollte sorgfältig vorgegangen werden, denn Farben, die unbeabsichtigt ineinanderlaufen, sehen nicht gerade schön aus.

Wird der richtige Farbton einmal nicht auf Anhieb getroffen, dann läßt sich die Farbe mit einem sauberen Pinsel und klarem Wasser wieder entfernen. Das ist das Angenehme bei Wasserfarben!

Sollten durch besonders nasse Pinsel dünne Teigteile aufweichen, schiebt man das Objekt nach dem Kolorieren noch einmal in den Ofen und läßt es bei etwa 80 °C ungefähr 15–20 Minuten nachhärten.

Das Kolorieren menschlicher Salzteigfiguren

Bei menschlichen Figuren ist das wichtigste das Bemalen des Gesichts. Und hierbei kommt es besonders auf die Augen an, denn sie sollen ausdrucksvoll wirken.

Am einfachsten läßt sich dies folgendermaßen erreichen: Man taucht einen feinen Pinsel in schwarzes Skriptol und umrandet die Augen mit einer von innen nach außen gezogenen zarten Linie. Damit wird ein plastisch wirkender »Wimperneffekt« erzielt.

Die Lippen werden zartrosa angelegt, und in dem gleichen Farbton malt man 2 Kreisflächen für die Wangen.

Kräftiger, aber selten gelungener, läßt sich das Gesicht auf einer vorher grundierten Fläche mit einer Spur Ocker, etwas Rot und Weiß auftragen.

Das Kleidungsstück kann je nach Geschmack großflächig, mit Tupfen, Karos, Streifen oder anderen Mustern verziert werden. Leicht transparent kolorierte Flächen wirken auch hier nach der Lasur am besten.

Das Färben des Salzteigs

Das Teigfärben ist eine besondere Art der Verarbeitung.

Hierbei wird dem Salzteig bereits durch Einkneten von in Wasser gelöstem Pulverkaffee oder verschiedenen Eisenoxiden Farbe gegeben.

Auf diese Weise hergestellte Figuren brauchen nach dem Erkalten nur noch lackiert zu werden.

Das Lackieren

Nach dem letzten Pinselstrich muß die Wasserfarbe trocknen. Das kann – je nach Luftfeuchtigkeit – 10 Minuten bis zu 1 Stunde dauern. Auf keinen Fall darf die Lasur zu früh aufgetragen werden.

2–3 Anstriche mit transparentem Lack (Bootslack, Firnis) sollen die Farben konservieren und die Salzteigfigur vor Feuchtigkeit schützen. Deshalb darf die Rückseite beim Lackieren nicht vergessen werden!

Die Lackart – hochglanz oder matt – bleibt dem individuellen Geschmack überlassen.

Aufbewahrung fertiger Salzteigfiguren

Die ersten Salzteigwerke sind fertig!

Man kann sie an die Wand hängen, aufstellen, anderen damit eine Freude bereiten ... Möglichkeiten gibt es viele!

Doch bevor nun die nach Schwierigkeitsgrad gestaffelten Beispiele und Anregungen vorgestellt werden, ein kurzes Wort zur Aufbewahrung der kleinen Kunstwerke:

Wichtig ist, daß Salzteigbilder und -figuren weder im Regen liegen noch an feuchten Orten oder im Keller aufbewahrt werden.

Selbst bei sehr sorgfältiger Lackierung ist nicht auszuschließen, daß das Salz im Teig Feuchtigkeit anzieht.

Aber: Sollte eine Figur wirklich einmal »weich« werden, so kann man sie im Ofen rasch wieder härten.

Ein Kranz wird lackiert.

Kleine Basteleien

Einfache Salzteigbroschen

Der Teig wird 2 mm dick ausgerollt. Man sticht kleine Formen aus und legt diese umgedreht auf das Brett, besser auf die Alufolie.

Die Rückseite der ausgestochenen Figuren wird mit Wasser etwas angefeuchtet (dazu einen Pinsel verwenden).

Der Boden einer Anstecknadel (im Handel erhältlich) wird nun leicht angedrückt und mit einem Teigplättchen bedeckt, damit die Nadel Halt bekommt (Abb. 1).

Nach dem Trockenvorgang kann man die Brosche mit Wasserfarben bunt bemalen (Abb. 2), dann lackieren und schließlich an Kleidungsstücken tragen (Abb. 3).

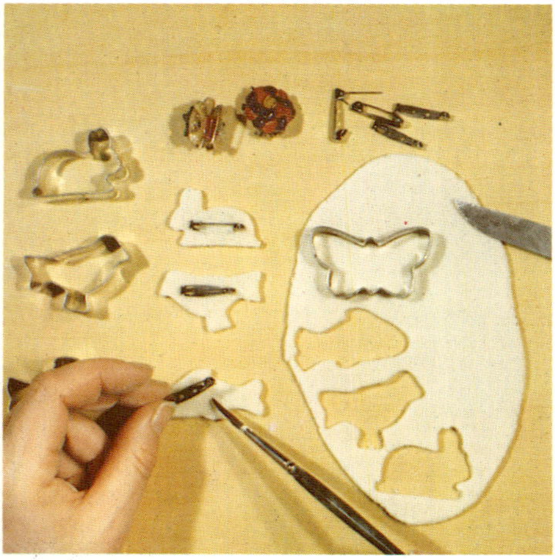

Abb. 1

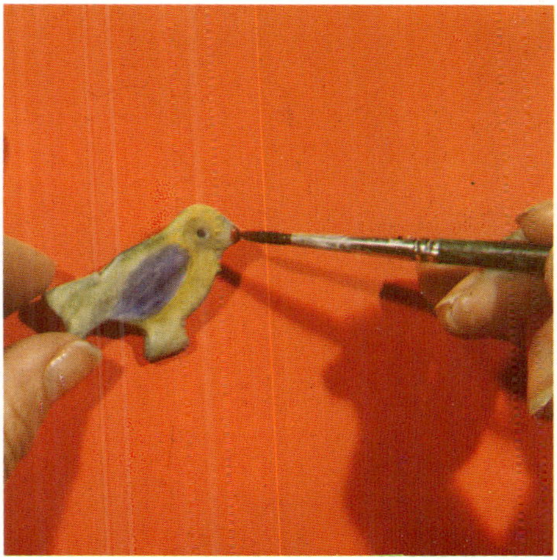

Abb. 2

Abb. 3

Bastelarbeiten für Kinder

Ein Saurier

Diesmal wird der Teig 12 mm stark ausgerollt.

In groben Umrissen schneidet man mit dem Küchenmesser das Tier aus und drückt Hals, Kopf und Schwanz mit den Fingern in die richtige Form (Abb. 1).

Abb. 1

Abb. 2

Aus dem verbleibenden Teig formt man 4 Beine von etwa 3 cm Länge und 1 cm Durchmesser, feuchtet sie mit Wasser an und drückt sie unter den Saurierkörper (Abb. 2).

Anschließend wird der Rückenpanzer mit einem Messer in Form geschnitten (Abb. 3).

Rechts und links vom Rückenpanzer schiebt man je eine Bindedrahtschlaufe als Aufhänger in die Figur.

Die Augen des »Untiers« bestehen aus 2 getrockneten Nelken.

Mit einem Zahnstocher, Nagel, Schraubenkopf oder ähnlichem verleiht man dem Saurierpanzer das richtige »Profil« (Abb. 4).

Jetzt kann die Figur zum Trocknen in den Ofen. Später wird sie mit Farbe und Lack verschönert (Abb. 5).

Abb. 3

Abb. 4

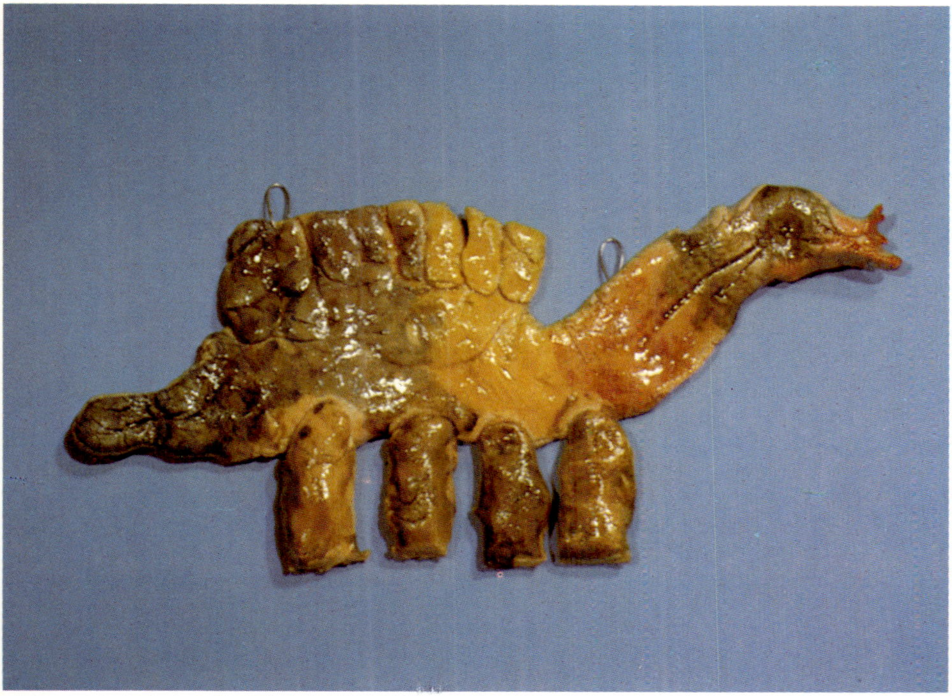

Abb. 5

Wolken, Mond und Sterne

Sterne und Mond werden mit Plätzchenformen aus 1 cm dickem Teig ausgestochen (Abb. 1).

Jede Figur erhält eine Drahtschlaufe, damit das fertige Gebilde später mit einem Perlonfaden verbunden werden kann (Abb. 2).

Die Wolken entstehen aus 4 ovalen Teigstücken, die aneinandergedrückt und verklebt werden, indem man die Klebestellen vorher mit Wasser anfeuchtet (Abb. 3).

Die getrockneten Teile werden anschließend bemalt: die Wolken dunkelblau, Mond und Sterne gelb (Abb. 4).

Dieser Nachthimmel stammt von einem 9jährigen Kind (Abb. 5).

Abb. 1

Abb. 2

Abb. 3

Abb. 4

Abb. 5

Basteleien für Kinder und Erwachsene

Der Geburtstagskranz

Zwei gleich lange und gleich dicke Wülste werden ausgerollt, gewunden und zu einem Kranz verbunden (Abb. 1+2).

In die entstandene Naht wird der Aufhänger gesteckt, der später zum Durchziehen eines Samtbandes gedacht ist (Abb. 3).

Die obere Kranzhälfte dekoriert man mit Blättern und Kelchblüten.

Das Alter – in diesem Fall die 70 – wird aus einer dünnen Teigwurst gerollt und geformt, in den Kranz gelegt, an den Enden befeuchtet und mit dem Modellierholz leicht an die Innenwand des Kranzes gedrückt (Abb. 4).

Nach dem Trocknen wird der Rohling bemalt (Abb. 5).

Kontrastreich und zum Band passend, wurde hier eine 70 in Schwarzblau gewählt, während der Kranz seine natürliche Farbe behielt (Abb. 6).

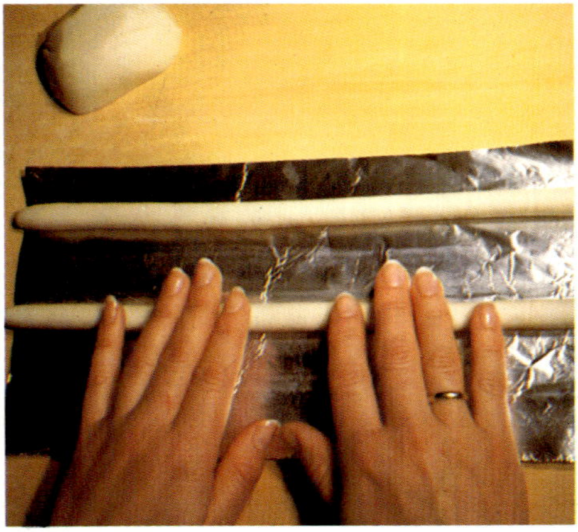

Abb. 1

Abb. 2

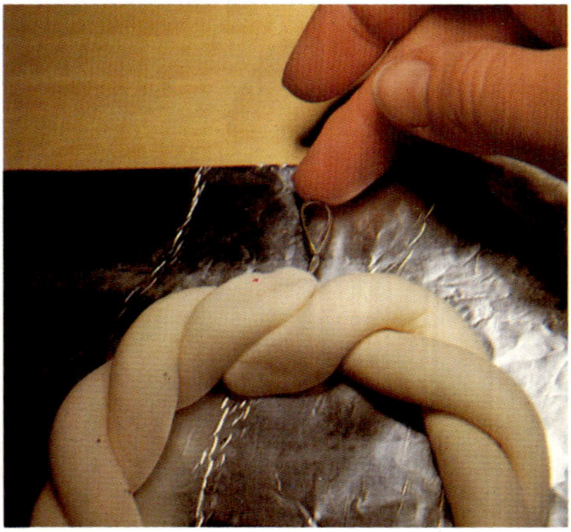

Abb. 3

Abb. 4

Abb. 5

Abb. 6

Es wird anspruchsvoller . . .

Eine »Oma« wird modelliert

Für die »Oma« wurden die Grundformen – der Kopf und der Körper – schon vorbereitet (Abb. 1).

Zur Erinnerung: Der Körperkegel ist 3mal so lang wie der Durchmesser der Kopfkugel.

In dieser Phase wird bereits der *Aufhänger* von oben durch Kopf und Körper gestochen. Die Öse sollte anschließend noch etwa 8 mm herausschauen.

Abb. 1

Abb. 2

Nachdem mit dem Messer der Körper für die *Beine* eingeschnitten und geteilt wurde, rollt man den Teig etwa 2 mm dick aus und schneidet einen Kreisausschnitt heraus, der den *Unterrock* bilden soll (Abb. 2).

Bevor man mit der Zackenschere den Rocksaum schneidet, wird der Teigausschnitt angepaßt.

Der Teigausschnitt wird nun in Brusthöhe um die Figur gelegt und seitlich angedrückt (Abb. 3).

Ebenso verfährt man mit dem *Überrock*, der aber noch einen Faltenwurf erhält – hier am besten mit dem Modellierholz arbeiten (Abb. 4).

Für die *Ärmel* werden 2 gleich große

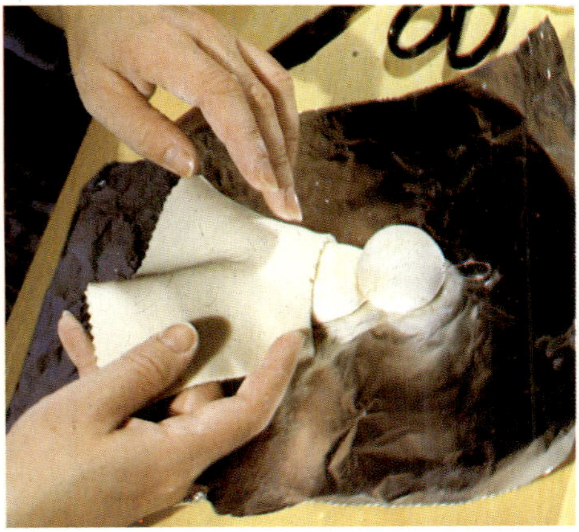

Abb. 3

Abb. 4

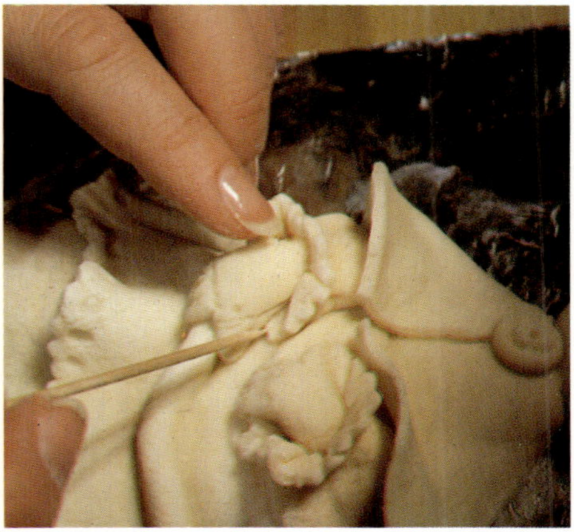

Abb. 5

Abb. 6

»Tüten« geformt, gezackt geschnitten und dann mit dem Modellierstab an Schultern und Körper gedrückt. Die Ärmelrüschen formt man mit dem Modellierholz.

Der *Umhang* besteht aus 2 kegelförmig ausgeschnittenen Teigflächen, die am Hals und an den Seiten der Figur angedrückt werden. Das Modellierholz hilft dabei, den Umhang etwas auszustellen.

Ein ovales Teigstück hält den Umhang am Hals zusammen. Mit einem Holzspieß wird es zur *Brosche* modelliert.

Anschließend formt man die *Hände* und setzt sie mit dem Modellierholz in die Ärmelrüschen (Abb. 5).

Zur Erinnerung: Alle Teile, die an die Figur gesetzt werden, sind vorher mit einem Pinselstrich Wasser anzufeuchten!

Die *Beine der Unterhosen* entstehen aus 2 gezackt geschnittenen Teiglappen (trapezförmig), die 1 cm unter den angehobenen Unterrock geschoben und um die Beine gelegt werden.

Die Enden der Unterhose formt man mit dem Modellierholz zu Rüschen.

Nun fehlen noch die *Schuhe*. Sie werden separat modelliert, angefeuchtet und in die Mitte der Rüschen gesetzt (Abb. 6).

Während des Trockenvorgangs sollten die Schuhe mit Teig- oder Holzstückchen gestützt werden.

Das Gesicht: 2 Einstiche mit dem Holzspieß markieren die Augen. Aus winzigen Teigkugeln werden Mund und Nase geformt (Abb. 7).

Etwas Teig durch eine Knoblauchpresse gedrückt, und schon hat man die *Haare.* Diese werden vom Mittelscheitel aus um den Kopf gelegt (Abb. 8).

Die *Fransen des Umhangs* entstehen aus gleichmäßig mit der Schere abgeschnittenen Teigschnürchen aus der Knoblauchpresse und werden auf dem Umhangsaum angebracht (Abb. 9 + 10).

Für den *Hut* wird aus einem Teigstück eine Krempe geformt, die auf die Frisur gelegt und mit dem ebenfalls geformten Hutkopf verbunden wird. Auch hier darauf achten, daß der Aufhänger frei bleibt (Abb. 11)!

Ein Teigschnürchen aus der Knoblauchpresse findet als *Hutband* Verwendung.

Mit der Zange formt man eine *Brille* aus Bindedraht, paßt sie dem Augenabstand an und schiebt die Bügel in den Kopf (Abb. 12 + 13).

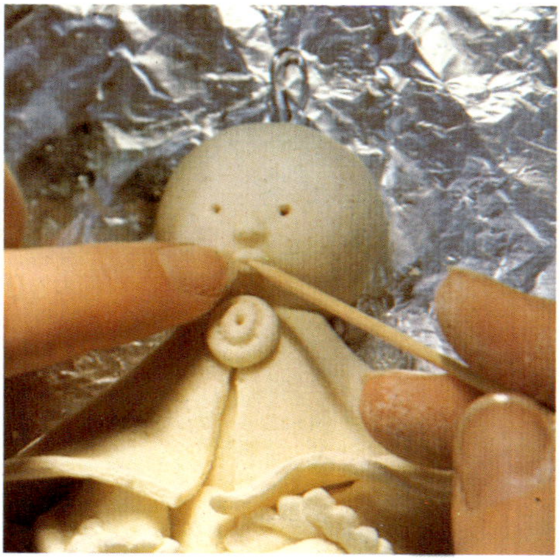

Abb. 7

Abb. 8

Abb. 9

Abb. 10

Abb. 11

Abb. 12

Abb. 13

Und hier ist die bemalte und lackierte »Salzteigoma«.

Salzteigfiguren zum Üben und Nachmachen

Affenköpfe aus 4 oval zugeschnittenen, 5 mm dicken Teigflächen.

Die Herzen am Nylonfaden werden ähnlich hergestellt wie »Wolken, Mond und Sterne«.

Ein Phantasiehaus, das auch Anfänger leicht nacharbeiten können.

Oma (wurde ausführlich beschrieben) und Opa vor »ihrem« Landhaus.

Betende Nonnen. Es handelt sich hier um eine kniende und eine frei stehende Figur. Als Unterbau für die Körper dient Alufolie, um die die Salzteigflächen gelegt wurden.

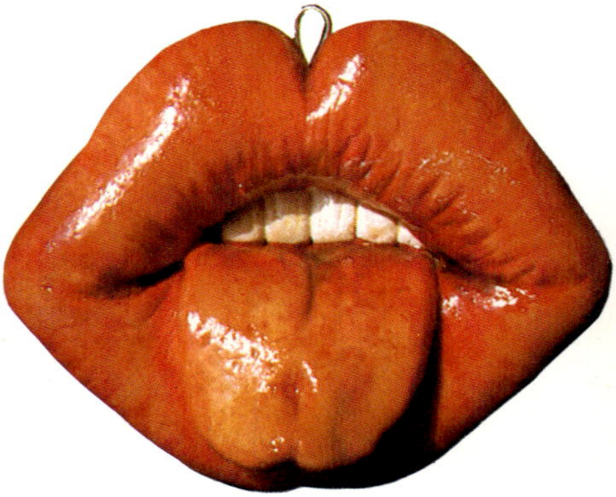

Ein Mund. Auf einer »Salzteigzahnreihe« werden wulstige Teiglippen befestigt. Zuletzt legt man die »Salzteigzunge« über die Unterlippe.

Ein Clown. Die Stiefel wurden an eingearbeiteten Drahtösen direkt unter den Körper gehängt.

Die Burg aus Salzteig erhielt einen Unterbau aus Karton.

Ein Grieche. Die Figur ist nicht ganz einfach zu modellieren, da sie erst richtig schön aussieht, wenn das Gewand natürlich fällt.